westermann

Richtig schreiben

Erarbeitet von

Heike Baligand
Angelika Föhl
Nadine Pistor
Elke Schnepf-Rimsa

in Zusammenarbeit mit der
Westermann-Grundschulredaktion

Für die Ausleihe bearbeitet von

Heike Baligand
Christina von Weyhe

Unter Beratung von

Nadin Haida-Herklotz
Miriam Jacobs
Katharina Jorga
Insa Scheller
Christina von Weyhe
Prof. Dr. Anja Wildemann

Illustriert von

Karoline Kehr und Sabine Kranz

Flex und Flora 3

Deutsch

Inhaltsverzeichnis

Mit dem Alphabet und der Wörterliste arbeiten

1 Sprich mit einem Partnerkind.
Welche Tricks meint Flex?

2 Schreibe die Wörter nach dem **ABC** geordnet ins Heft.

a)
Zukunft
zeichnen
Ziel

b)
Herz
Hummel
Handy

2a) zeichnen
…

3 Schreibe die Wörter nach dem **ABC** geordnet ins Heft.

a)
reißen
rechts
rennen

b)
lesen
leuchten
Lehrerin

3a) rechts
…

Wenn du nicht weißt, wie ein Wort geschrieben wird, dann schaust du in die Wörterliste oder ins Wörterbuch. Die Wörter sind dort nach dem ABC geordnet. Sind die Buchstaben am Wortanfang gleich, hilft dir der zweite, dritte, vierte, … Buchstabe: zeichnen, Ziel, Zukunft, …

Über die Technik des Nachschlagens sprechen
Beim alphabetischen Ordnen den 2. und 3. Buchstaben beachten
Wörter nach dem Alphabet geordnet schreiben

4 Suche die Nomen in der Einzahl in der Wörterliste.
Schreibe sie mit der Seitenzahl ins Heft.

4) Mehrzahl	Einzahl	Seite
Füchse	Fuchs	42
...		

Füchse	Träume	Themen
Ärzte	Lexika	Gewitter
Lehrerinnen		Schränke

5 Zerlege die Nomen und schlag die Wörter einzeln nach.
Schreibe sie mit der Seitenzahl ins Heft.
Markiere die Anfangsbuchstaben.

5) Nomen 1	Seite	Nomen 2	Seite
Kopf	44	Kissen	44
...			

6 Suche die Verben in der Grundform in der Wörterliste.
Schreibe sie mit der Seitenzahl ins Heft.

6) gebeugte Form	Grundform	Seite
sie isst	essen	42
...		

sie isst	du misst	du nimmst
er läuft	du darfst	es wächst
sie sind	es frisst	er hat

So findest du Wörter in der Wörterliste oder im Wörterbuch:
- Nomen in der **Mehrzahl** schlägst du in der **Einzahl** nach: Füchse bei Fuchs.
- **Zusammengesetzte Nomen** schlägst du einzeln nach: Kopfkissen bei Kopf und Kissen.
- Verben schlägst du in der **Grundform** nach: misst bei messen.

A a
B b
C c
D d
E e
F f
G g
H h
I i
J j
K k
L l
M m
N n
O o
P p
Qu qu
R r
S s
T t
U u
V v
W w
X x
Y y
Z z

Wörter mit einfachen und doppelten Mitlauten schreiben

1 Sprich mit einem Partnerkind. Was meint Flora?

2 Schreibe die Wörter ins Heft.
Zeichne Silbenbögen.

Nase	Messer	Sofa	offen
Pappe	Hupe	fressen	Esel

2) Nase, Messer, …

3 Sprichst du in Aufgabe 2 den Selbstlaut in der ersten Silbe lang _ oder kurz . ? Schreibe _ oder . unter den Selbstlaut.

4 Schreibe die Wörter von Aufgabe 2 geordnet ins Heft.

4) erste Silbe offen	erste Silbe geschlossen
Nase	Messer
…	…

Die erste Silbe 
endet mit einem Selbstlaut.
→ Die Silbe ist offen.
→ Der Selbstlaut klingt lang _ .

Die erste Silbe endet mit einem Mitlaut.
→ Die Silbe ist geschlossen.
→ Der Selbstlaut klingt kurz . .

AH S. 30-31

5 Lies die Wörter einem Partnerkind vor.
Sprich die Silben besonders deutlich. Zeige das richtige Wort.

Besen – Bessen	jagen – jaggen
Doner – Donner	renen – rennen

So entscheidest du, ob du ein Wort mit einfachem oder doppeltem Mitlaut schreiben musst:

Wenn du nach einem kurzen Selbstlaut nur einen Mitlaut hörst, musst du ihn verdoppeln.

In **Wörtern mit doppelten Mitlauten** endet die erste Silbe zwischen den doppelten Mitlauten: Ratten, Messer.

6 Lies den Text. Schreibe den Text mit den passenden Mitlauten ins Heft ab. Benutze den Abschreibpfeil.

6) Schlafenszeit
Julia und Mirko
klettern in ...

Schlafenszeit

Juli und Mirko (t/tt) kle■ern in ihre (t/tt) Be■en.

Mirko vermisst seinen (d/dd) Te■y.

Die Kinder (n/nn) kö■en ihn nicht finden.

Vor dem (f/ff) Kä■ig liegen eine (d/dd) Fe■er,

eine (l/ll) Bri■e und ein (g/gg) Spie■el.

Die Schranktür steht (f/ff) o■en. Ob der (d/dd) Te■y dort ist?

7 Kontrolliere die ergänzten Wörter von Aufgabe 6 mit der Wörterliste.

Wörter mit ck …

1 Sprich mit einem Partnerkind.
Was müsst ihr beim Schreiben
und Trennen dieser Wörter beachten?

2 Schlage die Wörter in der Wörterliste nach und schreibe sie mit dem Artikel ins Heft. Schreibe sie auch mit Trennstrich.

2) der Bäcker,
der Bä-cker, S. 41
…

Statt **kk** schreibst du **ck**: Schnecke, Stücke, backen, …
Du trennst Wörter vor **ck**: Schne-cke, Stü-cke, ba-cken.
In der Wörterliste steht Schne|cke.

3 Verlängere die Wörter.
Bilde die **Mehrzahl** oder die **wir-Form**.
Schreibe die Wörter ins Heft.
Markiere in den Wörtern **ck**.

3) viele Stücke
…
wir …

ein Stück	sie guckt
ein Rock	er packt
eine Ecke	sie nickt

4 Schlage die Wörter in der Wörterliste nach. Schreibe sie mit dem Artikel und der Seitenzahl ins Heft.

4) die Pfütze. S. ...
...

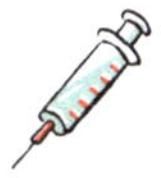

Statt **zz** schreibst du **tz**: Mütze, Spatzen, sitzen, ...

5 Lies den Text und schreibe ihn ins Heft ab. Benutze den Abschreibpfeil.

5) Marie und Fritz
...

Marie und Lennart machen mit Papa einen Ausflug. Was für ein Glück! Papa hat einen schönen Platz für die Decke gefunden. Die Kinder pflücken Brombeeren. Plötzlich hat Marie einen Fleck auf ihrem Rock. Sie bekommt einen Schreck. „Nicht schlimm, wenn der Rock dreckig ist", sagt Papa. „Hauptsache, du bist nicht verletzt!" Dann wollen die Kinder sich verstecken. Zuletzt essen sie alle glücklich ihr Picknick.

6 Markiere im Text von Aufgabe 5 in 16 Wörtern **ck** oder **tz**.

7 Übe die markierten Wörter von Aufgabe 6 mit einem Partnerkind.

a) Lass dir die Wörter diktieren. Schreibe sie ins Heft.

b) Kontrolliert gemeinsam und verbessert die Fehler.

Verlängern: Auslaute hörbar machen

1 Sprich mit einem Partnerkind. Was meint Flora?

2 Bilde die **wir-Form** zu den Verben. Schreibe sie dann mit **g** oder **k** ins Heft. Markiere **g** und **k**.

sie sin■t   du den■st   er sa■t

2) Verb	verlängern ➔ wir-Form	also
sie sin?t	wir singen	g
…		

3 Bilde die **1. Vergleichsstufe** der Adjektive. Schreibe sie dann mit **d** oder **t** ins Heft. Markiere **d** und **t**.

lau■   wil■   brei■

3) Adjektiv	verlängern ➔ 1. Vergleichsstufe	also
lau?	noch lauter	t
…		

Wenn du Verben oder Adjektive **verlängerst**, kannst du hören, ob sie am Ende mit **b** oder **p**, **d** oder **t**, **g** oder **k** geschrieben werden:
sie sin?t → wir singen → sie singt,
wil? → noch wilder → wild.
Bei Verben bildest du die **wir-Form**, bei Adjektiven die **1. Vergleichsstufe**.

4 Verlängere die Verben und Adjektive. Setze **g** oder **k**, **b** oder **p** ein und lies die Sätze einem Partner vor.

Ich ma■ es nicht, wenn ich kran■ bin.
Mama tröstet mich dann und sa■t: „Ich habe dich lie■."

AH S. 34-35

1 Verlängere die Nomen und Adjektive.
Schreibe sie dann mit **b** oder **p**, **d** oder **t**, **g** oder **k** ins Heft.

1) Nomen → Mehrzahl	Adjektiv → 1. Vergleichsstufe	Satz
viele Pferde	noch älter	Das Pferd ist alt.
...		

Das Pfer■ ist al■. Der We■ ist lan■.
Der Köni■ ist klu■. Der Saf■ ist trü■.

2 Verlängere die Nomen und Verben.
Schreibe sie dann mit **b** oder **p**, **d** oder **t**,
g oder **k** ins Heft.

2) viele Hunde → Hund
...

Mein Hun■ Mingo ist sehr wild.
Im Garten to■t er gern auf dem Rasen
und sprin■t über unsere Büsche.
Ich gehe oft mit ihm im Wal■ spazieren.

3 Lies den Text. Verlängere die Wörter im Kopf.
Schreibe den Text ins Heft ab.
Benutze den Abschreibpfeil.

3) Marvin feiert ...

Marvin feiert heute seinen Geburtsta■.
Seine Schwester sin■t ein lustiges Lie■ für ihn.
Marvin findet das sehr lie■ von ihr.
Oma hat ein Geschen■ in der Han■.
Es ist sehr lan■. Was sie Marvin wohl schen■t?

4 Markiere die Buchstaben, die du in Aufgabe 3 eingesetzt hast.

5 Übe fünf schwierige Wörter von den Seiten 10 und 11.
Wähle dafür eine der Übungen.
a) Schreibe die Wörter 5-mal untereinander.
b) Lass dir die Wörter von einem Partner diktieren.
c) Schreibe Sätze mit den schwierigen Wörtern.

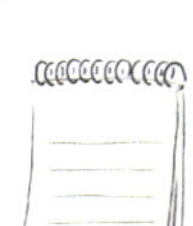

Wörter mit i und ie schreiben

1 Sprich mit einem Partnerkind. Was meint Flora?

2 Schreibe die Wörter geordnet ins Heft. Zeichne Silbenbögen. Setze dann **i** oder **ie** ein.

 Fl■ge	 F■chte
 Zw■bel	 P■nsel
 Sp■gel	 B■rne

2) ie	i
Fliege	
...	

Wenn du ein (i) am Ende der Silbe hörst, ist die **Silbe offen**.
Dann ist das (i) **lang** und du schreibst meist **ie**: Flie ge, lie ber, bie gen.

Wenn du ein (i) in der Mitte der Silbe hörst, ist die **Silbe geschlossen**.
Dann ist das (i) **kurz** und du schreibst **i**: Pin sel, fin den, sin gen.

3 Zeichne Silbenbögen. Schreibe die Wörter geordnet ins Heft. Markiere **ie** oder **i**. Schreibe _ oder . unter den Selbstlaut.

Fr■den	H■tze	T■fe
R■se	W■ge	K■rche
W■se	St■fel	Kl■ngel

3) erste Silbe mit ie am Ende → offene Silbe	erste Silbe mit i in der Mitte → geschlossene Silbe
Stiefel	
...	

Zweisilbige Wörter mit *i* und *ie* in Silben gliedern
Erkennen, dass offene Silben mit *ie* enden — KV 78
Erkennen, dass in geschlossenen Silben der i-Laut in der Mitte der Silbe ist — Fö 95

4 Bilde die **Mehrzahl** der Nomen.
Ist die erste Silbe offen oder geschlossen?
Schreibe die Wörter ins Heft.
Zeichne Silbenbögen.

4) viele Spiele → Spiel
...

ie oder i?	verlängern 

5 Bilde die **wir-Form** der Verben.
Schreibe sie dann mit **i** oder **ie** ins Heft.
Zeichne Silbenbögen.

5) wir frieren → er friert
...

er fr▒rt	es sp▒gelt
du s▒ngst	sie tr▒nkt
er l▒st	du s▒gst
sie w▒nkt	es st▒nkt

Wenn ein Wort nur eine Silbe hat, musst du es **verlängern**.
Dann weißt du, ob du es mit **i** oder **ie** schreiben musst:
Br?f → Brie fe, St?ft → Stif te, fr?rt → frie ren, tr?nkt → trin ken.

Erkennen, dass das *ie* in der einsilbigen Form von Nomen und Verben erhalten bleibt

KV 79
Fö 96/Fo
HR

1 Bilde die **Mehrzahl** der Nomen. Schreibe sie dann mit **i** oder **ie** ins Heft. Zeichne Silbenbögen.

i oder ie? | **verlängern** 

1) viele Ziele → Ziel
viele …

2 Schreibe die fehlenden Wörter ins Heft. Zeichne Silbenbögen.

2) Wiege, …

Das Baby liegt in einer  .

Unsere Spiele bewahren wir in einer großen  auf.

Ich bekomme ein neues Paar  für den Winter.

Auf der  blühen viele Blumen.

In der Pause esse ich heute eine  .

3 Setze **i** oder **ie** in die Personalformen der Verben ein. Schreibe die Sätze ins Heft.

3) Silan riecht …

spr?ngen
b?gen
sch?ben
r?chen
fl?ßen

Silan ___ den Frühling.

Das Känguru ___ sehr weit.

Das Auto ___ um die Ecke.

Amelie ___ die Schubkarre.

Durch den Wald ___ ein Bach.

4 Wie schreibt man **t?f** und **w?ld**? Erkläre es einem Partnerkind.

Offene und geschlossene Silben erkennen
Zweisilbige Wörter mit *i* und *ie* in Silben gliedern
Rechtschreibgespräche führen

5 Welche Wörter sind richtig geschrieben?
Schreibe die richtigen Wörter ins Heft.
Zeichne Silbenbögen und markiere **i** oder **ie**.

5) Kriege, ...

Kriege – Krige	schiempfen – schimpfen	Ziele – Zile
Kliengel – Klingel	frieren – friren	hienten – hinten

6 In jedem Satz ist ein Wort falsch.
Finde es. Verlängere
und schreibe das Wort richtig ins Heft.

6) wir gießen → gießt
...

Mama gißt die Nudeln in das Sieb.

Erkan spriengt vom 3-Meter-Brett.

Lisa singt ein Lid für an Oma.

Der Zoo schlißt um 18 Uhr.

7 Lies den Text. Schreibe ihn ins Heft ab.
Benutze den Abschreibpfeil.
Zeichne Silbenbögen unter die grünen Wörter.

7) Leon will unter ...

Leon will unter seine Decke kriechen. Er denkt:
„Ich friere ziemlich stark.“ Er soll viel trinken.
Seine Mutter sagt: „Besser, wir ziehen dir einen Pullover an.“
Niemand will heute draußen spielen, denn es ist so windig.
Bald ist es wieder besser.
Hier ist es zum Glück ruhig und friedlich.

8 Markiere jeweils **i** oder **ie** in der ersten Silbe.

9 Übe fünf schwierige Wörter von den Seiten **14** und **15**.
Du kannst dafür eine Übung von Seite **11** wählen.

Wörter mit ä und äu ableiten

1 Sprich mit einem Partnerkind.
Was passiert mit den Wörtern in der Maschine?

2 Bilde die **wir-Form** der Verben.
Schreibe dann die **er-Form**
mit **ä** oder **e**, **äu** oder **eu** ins Heft.
Markiere **ä** oder **e**, **äu** oder **eu**.

2) wir halten – er hält
…

er h(ä/e)lt	es st(ä/e)ckt	sie l(ä/e)sst	du f(ä/e)ngst	du schl(ä/e)fst
es l(äu/eu)ft	sie st(äu/eu)ert	es s(äu/eu)ft	er kr(äu/eu)zt	er l(äu/eu)chtet

3 Bilde die Grundform der Adjektive un
schreibe sie ins Heft.
Schreibe die 1. Vergleichsstufe dazu.
Markiere die richtigen Buchstaben
in der 1. Vergleichsstufe.

3) hart – härter
…

h(ä/e)rter	h(ä/e)ller	f(ä/e)ster
st(ä/e)rker	k(ä/e)lter	l(ä/e)nger

Die Rechtschreibstrategie *Ableiten* anwenden
Verben mithilfe der wir-Form ableiten
Adjektive mithilfe der Grundform ableiten

4 Welches Wort aus der Wortfamilie hilft dir?
Schreibe die Sätze mit **ä**, **äu** oder **eu** ins Heft.

4) Aus dem Zimmer …

Kreuz	Aus dem Zimmer kommt ein lautes Ger■sch.
rauschen	Letzte Nacht habe ich schön getr■mt.
Traum	Torben hat seine Mannschaft kräftig angef■ert.
verkaufen	Ich habe das richtige Ergebnis angekr■zt.
Wahl	Kai hat ein Buch ausgew■hlt.
Feuer	Die Verk■ferin zeigt mir das Tablet.

Wenn du nicht weißt, ob du ein Wort mit **ä** oder **e**, **äu** oder **eu** schreibst, dann kannst du es **ableiten**:

Bilde bei Verben die **wir-Form**: er l??ft → wir laufen → er läuft.
Bilde bei Adjektiven die **Grundform**: h?rter → hart → härter.

Manchmal helfen Wörter aus der **Wortfamilie**: tr??men → Traum → träumen.

5 Lies den Text. Warum schreibt man die blauen Wörter so?
Erkläre es einem Partnerkind.
Das Wort **wärmer** schreibt man mit **ä**, weil …

Gartenarbeit

Draußen wird es wärmer.
Im Garten wächst schon die erste Tulpe.
Die Bäume und Sträucher bekommen bald Blätter.
Papa freut sich und gräbt das Gemüsebeet um. Die Erde ist feuchter als gedacht. Daher muss Papa kräftig graben.
Oma hält einen Schal in den Händen. Papa dreht sich um und lächelt: „Ich werde mich schon nicht erkälten."

6 Schreibe den Text von Aufgabe 5 ins Heft ab.
Benutze den Abschreibpfeil.

6) Gartenarbeit
Draußen …

7 Übe fünf schwierige Wörter von den Seiten 16 und 17.
Du kannst dafür eine Übung von Seite 11 wählen.

Merkwörter mit Dehnungs-h kennenlernen

1 Sprich mit einem Partnerkind.
Was meint Flex?

2 Lies die Wörter einem Partnerkind vor.
Zeige ihm den Buchstaben, den du nicht hörst.

Jahr	Lehrerin	fehlen	kühl	ihr	ehrlich	ihn	ohne
Höhle	Uhr	ähnlich	wohnen	ihnen	fühlen	erzählen	

3 Schreibe die Wörter von Aufgabe 2 geordnet ins Heft.
Markiere in den Wörtern den langen Selbstlaut mit dem **h**.

3) ah / äh: Jahr, ...
oh / öh:
uh / üh:
eh:
ih:

4 Schlage die Wörter in der Wörterliste nach.
Schreibe sie mit dem Artikel und der Seitenzahl ins Heft.

4) die Bohne, S. 41

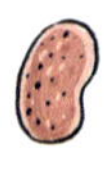 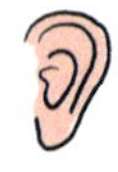  

Manchmal musst du nach dem langen Selbstlaut ein **Dehnungs-h** schreiben: Fahne, ähnlich, ohne, Höhle, Huhn, fühlen, Mehl, ihr.
Diese Wörter musst du dir **merken**.
Man nennt das Dehnungs-h auch **stummes h**.

Für Wörter mit Dehnungs-h sensibilisiert werden
Wörter mit Dehnungs-h ordnen und schreiben
Die Wörterliste als Rechtschreibhilfe nutzen

KV 84
Fö 103
HR

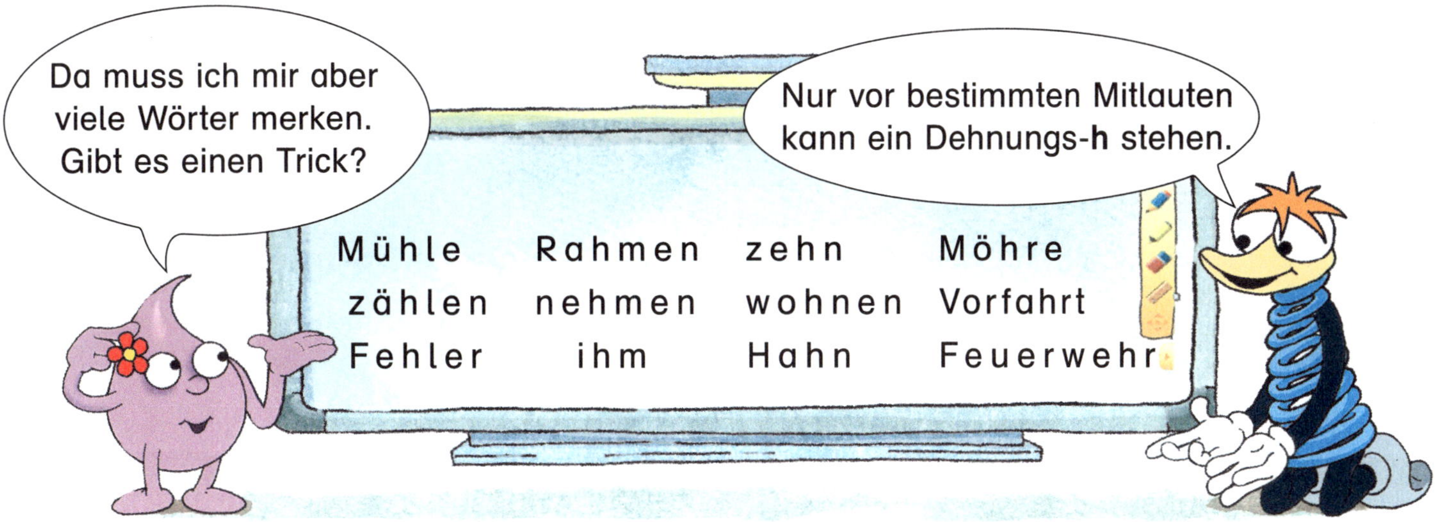

5 Lies die Wörter im Bild einem Partnerkind vor. Zeige ihm das Dehnungs-**h** in den Wörtern.

6 Welche Mitlaute folgen nach dem Dehnungs-**h**? Schreibe ins Heft.

6) l, ___, ___ und ___

Ein **Dehnungs-h** kann nur vor **l**, **m**, **n** und **r** stehen:
za**hl**en, ne**hm**en, Hu**hn**, Bo**hr**er.
So kannst du prüfen, ob du dir ein Wort mit Dehnungs-**h** richtig gemerkt hast.

7 Steht das Dehnungs-h vor **l**, **m**, **n** oder **r**?
Schreibe die Wörter geordnet ins Heft.

7) h vor l	h vor m	h vor n	h vor r
kühlen			
...			

kühlen Uhr nehmen Sohn
Zahl Bahn ihm während

8 Schreibe die Bildwörter in die Tabelle von Aufgabe 7.
Kontrolliere mit der Wörterliste.

1 Lies den Text.
Finde die Wörter mit **ih** und schreibe sie ins Heft.

> 1) ihr, …

Ella wünscht sich ein Haustier. Das ist ihr größter Wunsch.
Heute bekommt Ella einen Hasen. Sie nennt ihn Fridolin.
Nach der Schule zeigt sie Fridolin ihren Freunden.
Alle finden Fridolin süß und wollen ihm Futter geben.

2 Lies die Sätze einem Partnerkind vor.
Ergänze und zeige die passenden Wörter.

ihr	Opa leiht Ufuk ein Buch. → Opa leiht ___ ein Buch.
ihnen	Opa schenkt Leni eine CD. → Opa schenkt ___ eine CD.
ihm	Opa gibt Marc und Ina Bonbons. → Opa gibt ___ Bonbons.

ihre	Luisa bürstet ___ Hund.
ihr	Fatma streichelt ___ Katze.
ihren	Sofie füttert ___ Kaninchen.

3 Schreibe den Text ins Heft.
Ergänze die passenden Wörter.

> 3) Sehr geehrter Herr Pasch, wir bedanken uns herzlich bei Ihnen …

Ihre	Sehr geehrter Herr Pasch,
Ihrem	wir bedanken uns herzlich bei ___.
Ihnen	Toll, dass Sie mit ___ Hund bei uns waren!
Ihre	Vielen Dank für ___ Zeit.
Ihren	Herzliche Grüße auch an ___ Hund!
	___ Klasse 3b

4 Schreibe einen Brief oder eine E-Mail ins Heft.
Verwende die Wörter aus dem Kasten von Aufgabe 3.

Für die Merkschreibung der Personalpronomen *ihm*, *ihn*, *ihr* sensibilisiert werden
Förmliche Anredepronomen wie *Ihr*, *Ihre*, *Ihren* in Briefen einsetzen

KV 88
Fö 109

Merkwörter mit Dehnungs-h üben

1 Schreibe die Sätze ins Heft.
Markiere den langen Selbstlaut mit Dehnungs-**h**.

1) Die Feuerwehr …

Die  rast zu einem Einsatz.

Das  legt ein Ei.

Die  ist stehen geblieben.

Mama  ein Loch in die Wand.

Papa  einen Kuchenteig.

Meine Tante  gern lustige Geschichten.

2 Kontrolliere die Wörter von Aufgabe 1 mit der Wörterliste.

3 Lies den Text. Schreibe ihn ins Heft ab.
Benutze den Abschreibpfeil.

3) Heute fährt Meltem …

Heute fährt Meltem mit ihrem Vater zur Mühle.
Dort wird aus Korn Mehl gemahlen.
Der Müller macht eine Führung.
Meltems Vater fragt ihn:
„Was kostet Ihr Vollkornmehl?"
Während der Vater das Mehl
bei ihm bezahlt, darf Meltem
die verschiedenen Körner fühlen.
Auf der Rückfahrt fragt sie ihren Vater fröhlich:
„Können wir damit wohl einen Möhrenkuchen backen?"

4 Markiere in den Wörtern von Aufgabe 3 den langen Selbstlaut mit Dehnungs-h. Es sind 19 Wörter.

5 Übe fünf schwierige Wörter von den Seiten 18–21.
Du kannst dafür eine Übung von Seite 11 wählen.

Merkwörter üben

1 Sprich mit einem Partnerkind.
Was meint Flex?

2 Schreibe die Merkwörter geordnet ins Heft.

Vase Handy vielleicht
Pyramide Teddy Axt Party
mixen davon boxen Vulkan
Recycling vorbei Lexikon
Advent Yoga Taxi Virus
Text voll Hobbys Zylinder

2) V/v	x	Y/y
Vase	...	
...		

3 Schreibe die Wörter mit **Y/y** von Aufgabe 2 nach dem ABC geordnet ins Heft.
Markiere **Y/y**.

3) Handy
...

Manche Wörter musst du dir **merken**:

Vase, voll, vielleicht, ...
Axt, boxen, Text, ...
Handy, Yoga, Pyramide, ...

54

Für Merkwörter sensibilisieren
Merkwörter mit V/v, x, Y/y kennenlernen
Merkwörter ordnen und schreiben

Merkwörter mit Y / y üben

1 Das **y** in Wörtern wird ganz unterschiedlich gesprochen.
Ordne die Wörter den unterschiedlichen Lauten zu
und schreibe sie ins Heft.

1) y gesprochen wie ü	y gesprochen wie i	Y / y gesprochen wie j
Symbol	…	
…		

das Symbol — das Yoga — das Baby
der Zylinder — die Pyramide — das Handy
das Xylofon — das Yak — die Mayonnaise

2 Lies den Text einem Partnerkind vor. Ergänze die passenden Wörter.

Pyjamaparty — Gymnastik — sympathisch — Zylinder

Eigentlich wollte ich an meinem Geburtstag mit meinen Freundinnen

eine ___ machen, aber dann sind wir doch in den Zirkus gegangen.

Ein Zauberer hat zwanzig weiße Hasen aus seinem ___ gezaubert.

Ein Mädchen war mir sehr ___ .

Sie tanzte zur Musik auf einem Seil

und machte ___ , die atemberaubend war.

3 Schreibe den Text von Aufgabe 2 ins Heft ab.
Benutze den Abschreibpfeil.

3) Eigentlich …

4 Übe fünf schwierige Wörter mit **Y / y** von dieser Seite.
Du kannst dafür eine Übung von Seite 11 wählen.

1 Lies einem Partnerkind die Wörter deutlich vor.
Zeige ihm **V / v** in den Wörtern.

Vogel Interview Vorname Vase
Silvester November Pullover
Vater vorne Vulkan Verb
viel Klavier bevor Detektiv
Lokomotive vollständig verlieren

2 Schreibe die Wörter von Aufgabe 1 geordnet ins Heft.
Markiere **V / v** in den Wörtern.

2) V/v klingt wie f	V/v klingt wie w
Vogel	
…	

3 Ordne einige Wörter von Aufgabe 1 den passenden Oberbegriffen zu.

3) Musikinstrument – Klavier
Kleidungsstück – …
…

Musikinstrument Kleidungsstück Befragung Fahrzeug
Monat Mensch Tier Wortart

4 Schreibe die Wörter mit **V / v** von Aufgabe 3 nach dem **ABC** geordnet ins Heft.
Markiere **V / v**.

4) Interview
…

5 Suche in einem Wörterbuch fünf weitere Wörter mit **V / v**.
Schreibe sie ins Heft.

5) …

Merkwörter nach ihren unterschiedlichen Lautvarianten von V/v ordnen und schreiben
Merkwörter alphabetisch ordnen und schreiben

Merkwörter mit x üben

1 Ordne die Wörter nach Wortfamilien.
Schreibe ins Heft.

Taxifahrt	Explosion	Lexikon
Taxistand	Lexika	Tierlexikon
explodieren	explosiv	Taxi

1) Taxi	Explo/explo	Lexi/lexi
Taxifahrt	…	
…		

2 Lies die Sätze und schreibe sie ins Heft.
Benutze den Abschreibpfeil.

2) Linus schreibt einen
Text ab. …

Linus schreibt einen Text ab.
Heute experimentiert die Klasse mit Drähten.
Alina verkleidet sich zum Fasching als Hexe.
Oma fährt im Taxi zur Arztpraxis.
Im Lexikon sucht Ada Informationen über Boxerinnen und Boxer.
Finja fragt den Vater: „Mixt du mir eine leckere Mixmilch?“
Till hat Liv geboxt und sagt: „Das habe ich nicht extra gemacht!“

3 Markiere x in den Sätzen von Aufgabe 2. Es sind insgesamt 12 Wörter.

4 Lies die Wörter genau
und zeige einem Partnerkind schwierige Stellen.

Nixe	Axt	Taxi	exakt	mixen	Text	Experiment
boxen	Xylofon	Experte	extra	Hexe	Spielebox	

5 Wähle acht Wörter von Aufgabe 4.
Übe sie mit einem Partnerkind.

a) Lass sie dir diktieren. Schreibe sie ins Heft.

b) Kontrolliert gemeinsam. Verbessert die Fehler.

5) …

Wortstämme in Wortfamilien erkennen

1 Sprich mit einem Partnerkind. Was meint Flora?

2 Zeige einem Partnerkind den Wortstamm **Spiel/spiel** in den Wörtern.

Handballspiel	mitspielen	unbespielbar	Spielplatz
Spielerin	zuspielen	abspielen	Spielfeld	Spieler

3 Bilde zum Wortstamm **Zahl/zahl/Zähl/zähl** eine Wortfamilie.

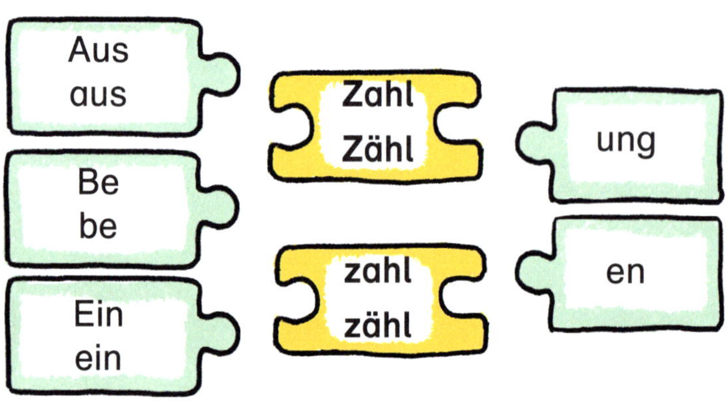

3) Auszahlung, ...

4 Bilde weitere Wörter mit dem Wortstamm **Zahl/zahl/Zähl/zähl**.
Schreibe die Wörter ins Heft.

Der **Wortstamm** wird bei Wörtern einer **Wortfamilie** meistens gleich geschrieben: Glückszahl, glücklich.
Manchmal ändert sich der Selbstlaut oder der Umlaut im Wortstamm: Einzahl, auszählen. Wenn du nicht weißt, wie ein Wort geschrieben wird, kann dir die Wortfamilie helfen.

58

Wortstämme mit ck schreiben

1 Schreibe die Wörter nach den Wortfamilien geordnet ins Heft.
Markiere in den Wörtern die Wortstämme **Steck / steck**, **Druck / druck / drück** und **Pack / pack**.

1) Steck / steck	Druck / druck / drück	Pack / pack
Steckdose	…	
…		

Steckdose bedruckt Versteck Drucker Packung
anstecken Packpapier andrücken verpacken

2 Schreibe zu jedem Wortstamm ein Nomen, ein Verb und ein Adjektiv ins Heft.

2) Wortstamm	Nomen	Verb	Adjektiv
Schreck/schreck	Schreck		
Weck/weck			
Glück/glück			

erschrecken glücklich schrecklich glücken
aufgeweckt Glück wecken Schreck Wecker

3 Ergänze im Text die Wortstämme **Back / Bäck / back**.
Schreibe den Text ins Heft.

3) Jana besucht …

Jana besucht mit ihrer Gruppe eine ■erei.
In der ■stube beobachten die Kinder alles.
Die ■erin gibt ihnen viele Informationen.
Sie fragt Jana: „Du ■st bestimmt auch manchmal, oder?“

4 Finde zu den Verben **gucken**, **schmecken, pflücken** jeweils zwei Wörter aus derselben Wortfamilie.
Schreibe so ins Heft: gucken – das Guckloch, …

Nomen mit Wortbausteinen großschreiben

1 Sprich mit einem Partnerkind. Was meint Flex?

2 Bilde Nomen aus den Wörtern und den Wortbausteinen. Schreibe ins Heft

2) -heit	-keit	-ung
Schönheit	...	
...		

schön, gesund + **-heit**

einsam, schwierig + **-keit**

heizen, hoffen + **-ung**

3 Markiere -**heit**, -**keit** und -**ung** in den Nomen von Aufgabe 2. Markiere dann die Anfangsbuchstaben. Sind sie großgeschrieben?

4 Bilde Nomen aus den grünen Wörtern. Schreibe die Sätze mit den passenden Nomen ins Heft.

4a) Der Löwe ist frei.
Löwen mögen ...
b)

a) Der Löwe ist frei. Löwen mögen ihre ▬.

b) Frau Elm ist pünktlich. Sie legt Wert auf ▬.

c) Familie Koch wohnt in einer kleinen ▬.

5 Markiere in den Nomen von Aufgabe 4 die Wortbausteine am Ende. Markiere dann die Anfangsbuchstaben. Sind sie großgeschrieben?

Wörter mit den Wortbausteinen -**heit**, -**keit** und -**ung** am Ende sind **Nomen**. Nomen schreibst du groß:
die Trockenheit, die Sauberkeit, die Erkältung.

Wortbausteine *-heit*, *-keit* und *-ung* für Nomen kennenlernen
Nomen mit *-heit*, *-keit* und *-ung* aus anderen Wortarten bilden
Nomen mit *-heit*, *-keit* und *-ung* großschreiben

Fo
HR

Nomen mit -heit und -keit großschreiben

1 Bilde Nomen aus den Adjektiven und dem Wortbaustein **-heit**. Schreibe sie mit bestimmtem Artikel ins Heft.

1) die Gesundheit
die …

gesund
frech
krank
wahr
zufrieden
frei
sicher
trocken

\+ **-heit**

2 Markiere in den Nomen von Aufgabe 1 den Wortbaustein **-heit** am Ende. Markiere dann die Anfangsbuchstaben. Sind sie großgeschrieben?

3 Bilde Nomen aus den Adjektiven und den Wortbausteinen **-heit** und **-keit**. Schreibe sie geordnet und mit bestimmtem Artikel ins Heft.

3) -heit	-keit
die Freiheit	
…	

frei	gemein	fröhlich
flüssig	dumm	pünktlich
trocken	schön	ehrlich
schwierig	sicher	höflich

4 Markiere in den Nomen von Aufgabe 3 die Wortbausteine am Ende. Markiere dann die Anfangsbuchstaben. Sind sie großgeschrieben?

5 Bilde Nomen aus den Adjektiven und den passenden Wortbausteinen. Schreibe sie mit Artikel ins Heft: die Ahnungslosigkeit, …

ahnungslos süß müde schnell gerecht feucht hell

Nomen mit -ung großschreiben

1 Bilde Nomen aus den Verben und dem Wortbaustein **-ung**. Schreibe sie mit bestimmtem Artikel ins Heft.

1) die Heizung, …

heizen
entfernen
verpacken
erzählen
verletzen
impfen

+ **-ung**

2 Markiere in den Nomen von Aufgabe 1 den Wortbaustein **-ung** am Ende. Markiere dann die Anfangsbuchstaben. Sind sie großgeschrieben?

3 Lies die Wörter einem Partnerkind vor. Setze die Wörter in die Sätze ein. Einige Verben musst du verändern.

herstellen – Herstellung	sammeln – Sammlung
verschmutzen – Verschmutzung	zeichnen – Zeichnung

a) Paula hat eine große ___ von Muscheln und Steinen.
Sie ___ aber auch Sticker und Postkarten.

b) Lasse will selbst Knetseife ___.
Die ___ ist gar nicht kompliziert.

c) Artur mag Kunst und kann gut ___.
Seiner Oma schenkt er eine ___

d) Luzie ärgert sich. Sie hat gelesen, dass
die ___ der Meere immer weiter zunimmt.
Warum ___ die Menschen ihre Umwelt nur so?

4 Schreibe die Nomen mit Wortbaustein von Aufgabe 3 ins Heft. Markiere die Wortbausteine am Ende. Markiere dann die Anfangsbuchstaben. Sind sie großgeschrieben?

4) Sammlung, …

Nomen mit Wortbausteinen üben

1 Schreibe den Text ins Heft ab.
Benutze den Abschreibpfeil.

1) Ritter Robert war für
seine Fröhlichkeit …

Ritter Robert war für seine Fröhlichkeit bekannt. Durch Übung und Geschicklichkeit hatte er schon viele Kämpfe gewonnen. Nach der Eröffnung begann das Turnier. Ritter Robert führte sein Schwert ohne Schwierigkeit. Doch plötzlich ließ seine Aufmerksamkeit nach. Durch diese Dummheit gewann sein Gegner den Kampf. Zum Glück verließen alle Ritter den Platz ohne Verletzungen.

2 Markiere in dem Text von Aufgabe 1 alle Nomen mit den Wortbausteinen **-heit**, **-keit** und **-ung**. Es sind acht Nomen.

3 Finde in jedem Satz einen Fehler.
Schreibe die Wörter richtig ins Heft.

3) Herstellung, …

Die herstellung von Knetseife ist leicht.

Der Fahrradhelm gibt mir sicherheit.

Emre sagt immer die wahrheit.

Papa liest die zeitung auf dem Handy.

Anton verteilt in der Pause süßigkeiten.

Ich mag ordnung in meinem Zimmer.

4 Warum sind die Wörter in Aufgabe 3 falsch geschrieben?
Erkläre es einem Partnerkind.

5 Sammle Nomen mit den Wortbausteinen **-heit**, **-keit** und **-ung**.
Schreibe sie geordnet ins Heft.

5) -heit	-keit	-ung
…		

Merkwörter mit langen Selbstlauten schreiben

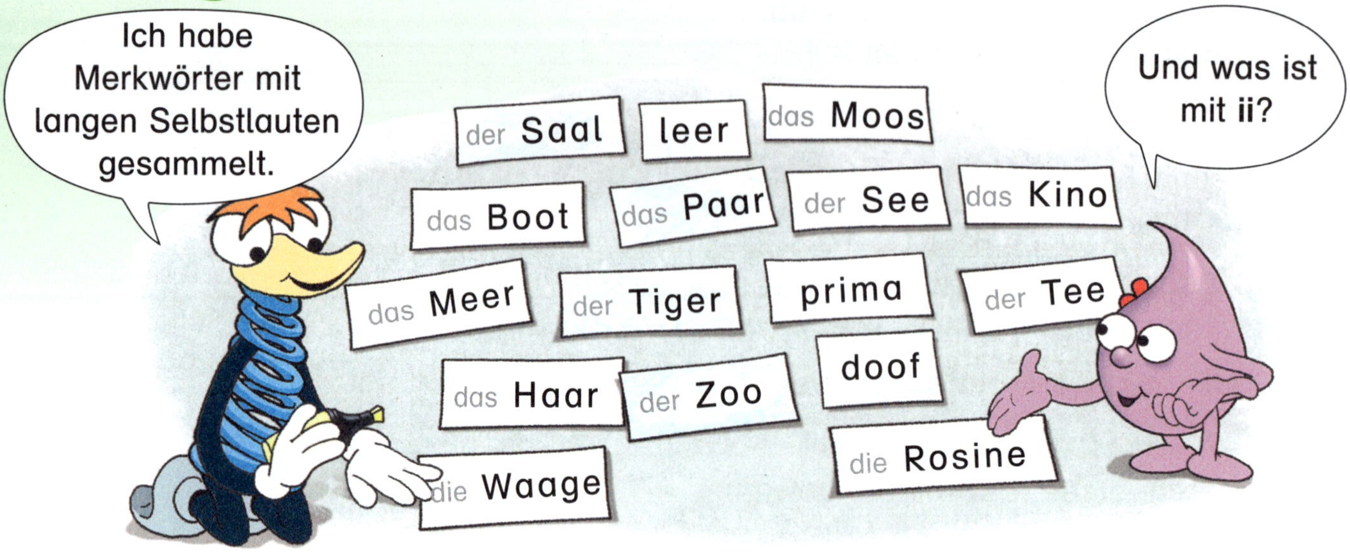

1 Sprich mit einem Partnerkind.
Warum sind diese Wörter Merkwörter?

2 Schreibe die Wörter geordnet ins Heft.
Markiere **aa**, **ee**, **oo** und **i** in den Wörtern.

2) aa	der Saal, …
ee	
oo	
i	

3 Lies die Wörter und sprich das **i** lang.

Kino Margarine Kilo dir Igel Mikrofon wir prima
Musik lila Mandarine Biber Virus Kamin Lokomotive

4 Bilde mit den Wörtern von Aufgabe 3 lustige Sätze und schreibe sie ins Heft.
Markiere das lange **i**.

4) Der Igel sitzt in der Lokomotive und isst eine Mandarine. …

Diese Wörter musst du dir **merken**:
der Saal, die Waage, das Haar, …
der Zoo, das Boot, doof, …
der Tee, das Meer, leer, …
die Rosine, das Kino, prima, …

AH S. 42-43

Merkwörter mit doppeltem Selbstlaut kennenlernen
Merkwörter mit langem *i* kennenlernen, die nicht mit *ie* geschrieben werden
Den langen Selbstlaut in Merkwörtern erkennen und markieren

Merkwörter mit langen Selbstlauten üben

1 Schreibe den Text ins Heft ab.
Setze die Wörter
dabei richtig in den Text ein.
Benutze den Abschreibpfeil.

1) Oma hat eine
prima Idee. ...

Oma hat eine ___ ___. | Idee prima

Heute gehen ___ ins ___! | wir Kino

Filme über ___ gefallen ___ gut. | Vampire mir

Es ist ganz ___ im ___. | Kino leer

Im ___ sitzt ein ___ vor uns. | Paar Saal

Alle ___ Minuten reden sie. Das ist ___. | paar doof

Oma flüstert ___ zu: „___ setzen uns um!“ | wir mir

2 Markiere **aa**, **ee**, **oo** und **i** in den Wörtern von Aufgabe 1.

4 Übe fünf schwierige Wörter von den Seiten 32 und 33.
Du kannst dafür eine Übung von Seite 11 wählen.

4 Welche Wörter mit **aa**, **ee**, **oo** sind für dich schwierig?
Schreibe die Sätze mit deinen Wörtern ins Heft.
Bei ?, ? und **Waage** denke ich ans doppelte **a**, keine Frage!
Die Wörter ? und ? und **Tee** schreibe ich mit Doppel-**e**!
Bei ? und ? und **Moos** ist ohne das doppelte **o** nichts los!

Wörter mit ß und ss unterscheiden

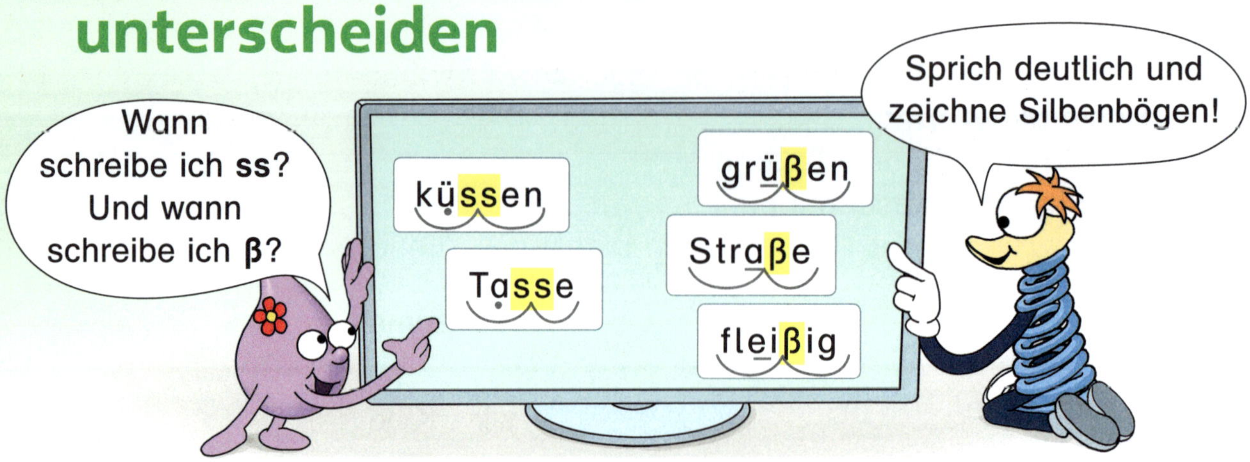

1 Sprich mit einem Partnerkind. Beantwortet Floras Frage.

2 Schreibe die Wörter ins Heft.
Markiere **ss** und **ß**.

2) Tasse, ...

Tasse Sessel Flosse draußen essen beißen Soße grüßen

3 Sprich die Wörter von Aufgabe 2 halblaut.
Schreibe die Wörter geordnet ins Heft.
Schreibe lang _ oder kurz . unter den Selbstlaut in der ersten Silbe.

Die erste Silbe 
endet mit einem Selbstlaut.
→ Der Selbstlaut klingt lang _ .
→ Die Silbe ist offen.

3) erste Silbe offen	erste Silbe geschlossen
draußen	Tasse
...	...

Die erste Silbe endet
mit einem Mitlaut.
→ Der Selbstlaut klingt kurz . .
→ Die Silbe ist geschlossen.

So entscheidest du, ob du ein Wort mit **ss** oder **ß** schreibst:

Wenn am Ende der ersten Silbe ein Selbstlaut steht, ist die Silbe **offen**.
Der Selbstlaut ist **lang**. Du schreibst **ß**: Soße, grüßen, fleißig.

Wenn am Ende der ersten Silbe ein Mitlaut steht, ist die Silbe **geschlossen**.
Der Selbstlaut ist **kurz**. Du schreibst **ss**: Tasse, küssen.

Wörter mit *ß* und *ss* in Silben zerlegen
Vokallänge und Silben zur richtigen Schreibung von Wörtern mit *ß* und *ss* nutzen

4 Schreibe ins Heft. Verlängere. Zeichne Silbenbögen.
Schreibe lang _ und kurz • unter den Selbstlaut in der ersten Silbe.

a) Bilde die **Mehrzahl** der Nomen.
Schreibe sie dann in der **Einzahl**.

4a) verlängern ➔	darum schreibt man
viele Nüsse	Nuss
...	

b) Bilde die **wir-Form** der Verben.
Schreibe sie dann
in der **Personalform**.

er schie?t	es mu?	er kü?t
es flie?t	sie hei?t	es rei?t
sie bei?t	er schmei?t	sie me?en

4b) verlängern ➔	darum schreibt man
wir schießen	er schießt
...	

c) Bilde die **1. Vergleichsstufe**
der Adjektive. Schreibe sie dann
in der Grundform.

gro?	na?
sü?	bla?
hei?	kra?

4c) verlängern ➔	darum schreibt man
nasser	nass
...	

Wenn ein Wort nur eine Silbe hat, musst du es **verlängern**.
Dann weißt du, ob du es mit **ß** oder **ss** schreibst.

Bilde bei **Nomen** die **Mehrzahl**: Nuss – Nüsse, Floß – Flöße.

Bilde bei **Verben** die **wir-Form**: es muss – wir müssen,
sie heißt – wir heißen.

Bilde bei **Adjektiven** die **1. Vergleichsstufe**:
nass – noch nasser, süß – noch süßer.

Verben und Adjektive mit ß und ss üben

1 Schreibe ins Heft. Bilde die **wir-Form** der Verben. Zeichne Silbenbögen. Schreibe lang _ oder kurz . unter den Selbstlaut in der ersten Silbe. Schreibe dann das Verb in der **Personalform**.

er mi?t
sie schlie?t
er vergi?t
er bei?t
sie lä?t
sie grü?t
er gie?t

1) wir-Form →	darum schreibt man
wir fassen	er fasst
wir …	

2 Schreibe ins Heft. Bilde die **1. Vergleichsstufe** der Adjektive. Zeichne Silbenbögen. Schreibe lang _ oder kurz . unter den Selbstlaut in der ersten Silbe. Schreibe dann das Adjektiv in der **Grundform**.

gro?
kra?
hei?
bla?
sü?

2) Vergleichsstufe	darum schreibt man
noch größer	groß
noch …	

3 Schreibe fünf Sätze mit Wörtern von dieser Seite ins Heft.

3) …

4 Bilde weitere Wörter mit dem Wortstamm **Gruß / grüß** und **Gieß / gieß**. Schreibe die Wörter ins Heft.

Wörter mit ß und ss erkennen

1 Finde in jedem Satz den Fehler.
Verlängere im Heft, zeichne Silbenbögen
und schreibe das Wort richtig.

1) süßer → süß
...

Der Apfel schmeckt süss.

Anna vermißt ihre Tante.

Mein Fahrrad hat ein neues Schloß.

Der Fluss fliesst schnell ins Tal.

Der Schnee ist weiss.

Der Blumenstrauss ist bunt.

Auf dem Fluß fahren Schiffe.

Tim beisst in einen Apfel.

2 Lies den Text einem Partnerkind vor. Setze **ß** oder **ss** in die Wörter ein.

Unsere Kla▢e ist flei▢ig und baut Flö▢e.

Zuerst mü▢en wir die Ma▢e nehmen.

„Alles soll pa▢en!“, ruft unsere Lehrerin.

Au▢erdem brauchen wir noch zwei Kompa▢e,

das wäre für unsere Fahrt be▢er. Bestimmt

werden wir unterwegs viele Spä▢e machen!

3 Schreibe den Text von Aufgabe 2 ins Heft ab.
Benutze den Abschreibpfeil.

3) ...

4 Übe fünf schwierige Wörter von den Seiten 36 und 37.
Du kannst dafür eine Übung von Seite 11 wählen.

5 Warum schreibt man **Biss** mit **ss**
und **beißen** mit **ß**?
Erkläre es einem Partnerkind.

Die Strategie *Verlängern* zur Überprüfung der Schreibung von Verben
und Adjektiven mit *ß* und *ss* nutzen
Fehlersensibilität und Rechtschreibgespür entwickeln

KV 102
Fö 129/Fo
HR

Rechtschreibgespräche führen und Strategien nutzen

1 Sprich mit einem Partnerkind.
Benutzt euren Rechtschreibfächer
für ein Rechtschreibgespräch.
Warum werden die Wörter so geschrieben?

2 Zeige einem Partnerkind zu jeder markierten
Stelle die passende Sprechblase.

lieb | fliegen | er fängt | Freiheit | Mühle

Ich verlängere: **lieb** – noch **lieber**.

Ich leite das Wort ab: **er fängt** – **wir fangen**.

Wörter mit dem Wortbaustein -**heit** schreibe ich groß.

Die erste Silbe ist offen. Ein langes (i) schreibe ich meistens als **ie**.

Wörter mit Dehnungs-**h** sind Merkwörter.

3 Nutze die Strategien. Welche Wörter helfen dir?
Sage sie einem Partnerkind.

Ableiten

er hält / er helt (wir-Form)

länger / lenger (Grundform)

Verlängern

sie liekt / sie liegt (wir ...)

fremd / fremt (noch ...)

AH S.44-46

Den Rechtschreibfächer zur Erklärung der Schreibung von Wörtern nutzen
Rechtschreibphänomene den passenden Strategien zuordnen
Die Strategien *Ableiten* und *Verlängern* für die richtige Schreibung nutzen HR

Einen Text mit Strategien verbessern

1 Lies den Text.

Tims Abenteuer

Seit Tagen topt ein schwerer Sturm. Die Welen auf dem Meer sind haushoch.
Tims Bot ist auf einen Felsen aufgelaufen. Mutig sprinkt Tim ins kalte Meer.
Mit letzter kraft erreicht er eine Insel. Er spürt den Sand unter den Füsen.
Unter Beumen sucht Tim Schutz. Da sieht er einen Löwen im Sand ligen.

2 Verbessere die acht Fehler im Text von Aufgabe 1. Nutze die Strategien. Schreibe die Wörter richtig ins Heft.

2) tobt, …

3 Welche Strategien helfen dir, die Wörter richtig zu schreiben? Schreibe die Wörter richtig ins Heft. Zeichne die Symbole.

3a) verstecken
…

a) Tim muss sich schnell ferstecken.

b) Da entdeckt er zum Glück eine Höle.

c) Er kriecht hinein und schiept

d) einen grossen Stein vor den Eingang.

e) Draußen hört er den starken regen.

f) Dort ist es kelter als in seinem Versteck.

Häufige Wörter

Datum: ____________

ab	etwas	oben
aber	euch	oder
alles	euer	ohne
als	eure	sein
am	für	sich
an	gleich	sie
auch	hier	so
auf	hin	über
aus	hinter	um
bei	ich	und
beide	ihm	uns
bis	ihn	unten
da	ihr	unter
dann	im	von
das	in	vor
dein	ins	wann
dem	ja	warum
den	jeder	was
denn	jetzt	weil
der	kein	welche
des	man	wem
dich	mein	wen
die	mich	wenn
dies	mir	wer
dir	mit	wie
doch	nach	wir
dort	nein	wo
du	nicht	zu
durch	noch	zuerst
ein	nun	zuletzt
er	nur	zum
es	ob	zur

Farben

- blau
- gelb
- grün
- rot
- schwarz
- weiß
- braun
- orange
- rosa
- lila

Wochentage

- Montag
- Dienstag
- Mittwoch
- Donnerstag
- Freitag
- Samstag
- Sonntag

Zahlen

eins	sieben	zwanzig,
zwei	acht	dreißig,
drei	neun	vierzig, ...
vier	zehn	
fünf	elf	einhundert,
sechs	zwölf	zweihundert, ...

Wörterliste

A a 

der **Af|fe**, die Af|fen
alt, äl|ter, am äl|tes|ten
die **An|gel**, die An|geln
die **Angst**, die Ängs|te, ängst|lich
der **Arzt**, die Ärz|te
die **Ärz|tin**, die Ärz|tin|nen
au|ßen, äu|ßer|lich
au|ßer|dem
aus|zah|len sie zahlt aus, er zahl|te aus, die Aus|zah|lung

B b 

das **Ba|by**, die Ba|bys
ba|cken, er backt, sie back|te
der **Bä|cker**, die Bä|cker
die **Bä|cke|rin**, die Bä|cke|rin|nen
der **Ball**, die Bäl|le
bau|en, er baut, sie bau|te, das Ge|bäu|de
der **Baum**, die Bäu|me
bei|ßen, er beißt, sie biss
der **Berg**, die Ber|ge
der **Be|sen**, die Be|sen
bes|ser
das **Bett**, die Bet|ten
be|zah|len er be|zahlt, sie be|zahl|te, die Be|zah|lung
bie|gen, sie biegt, er bog
das **Bild**, die Bil|der
die **Bir|ne**, die Bir|nen
der **Biss**, die Bis|se
blass, blas|ser, am blas|ses|ten
das **Blatt**, die Blät|ter
bli|cken, er blickt, sie blick|te
blind
der **Blitz**, die Blit|ze
die **Boh|ne**, die Boh|nen
boh|ren, sie bohrt, er bohr|te
das **Boot**, die Boo|te
breit, brei|ter, am brei|tes|ten
bren|nen, es brennt, es brann|te
das **Brett**, die Bret|ter
der **Brief**, die Brie|fe
die **Bril|le**, die Bril|len
das **Brot**, die Bro|te
brül|len, sie brüllt, er brüll|te
die **Bü|che|rei**, die Bü|che|rei|en
bunt, bun|ter, am bun|tes|ten
die **Bürs|te**, die Bürs|ten
die **But|ter**

C c 

der **Co|mic**, die Co|mics
der **Cou|sin**, die Cou|sins
die **Cou|si|ne**, die Cou|si|nen

D d 

die **De|cke**, die De|cken
der **Del|fin**, die Del|fi|ne
den|ken, er denkt, sie dach|te
der **Don|ner**

A B C D E F G H I J K L M N O P Qu R S T U V W X Y Z

das **Dorf**, die Dör|fer
drü|cken, es drückt,
er drück|te,
der Druck
die **Dumm|heit**,
die Dumm|hei|ten
dür|fen, sie darf,
er durf|te

E e 

die **Ecke**, die Ecken
ehr|lich, ehr|li|cher,
am ehr|lichs|ten
die **Ein|sam|keit**
ein|zah|len,
sie zahlt ein,
er zahl|te ein,
die Ein|zah|lung
die **Ent|fer|nung**,
die Ent|fer|nun|gen
er|klä|ren,
sie er|klärt,
er er|klär|te,
die Er|klä|rung, klar
er|zäh|len,
sie er|zählt,
er er|zähl|te,
die Er|zäh|lung
der **Esel**, die Esel
es|sen, er isst,
sie aß

F f 

fah|ren, sie fährt,
er fuhr
das **Fahr|rad**,
die Fahr|rä|der
fan|gen, sie fängt,
er fing
die **Faust**, die Fäus|te
die **Fe|der**, die Fe|dern
fe|gen, er fegt,
sie feg|te
feh|len, es fehlt,
sie fehl|te
der **Feh|ler**, die Feh|ler
fest, fes|ter,
am fes|tes|ten
die **Feuch|tig|keit**
das **Feu|er**, die Feu|er,
an|feu|ern,
die Feu|er|wehr
die **Fich|te**, die Fich|ten
fin|den, sie fin|det,
er fand
die **Flam|me**,
die Flam|men
flei|ßig, flei|ßi|ger,
am flei|ßigs|ten
flie|ßen, es fließt,
er floss
das **Floß**, die Flö|ße
der **Fluss**, die Flüs|se,
die **Flüs|sig|keit**
die **Frei|heit**,
die Frei|hei|ten, frei
fremd, frem|der,
am frem|des|ten
fres|sen, es frisst,
er fraß
der **Freund**,
die Freun|de
die **Freun|din**,
die Freun|din|nen
der **Frie|den**
frie|ren, sie friert,
er fror
froh, fröh|lich,
die Fröh|lich|keit
der **Fuchs**, die Füch|se
füh|len, sie fühlt,
er fühl|te
füh|ren, es führt,
sie führ|te
der **Fuß**, die Fü|ße

G g 

ge|ben, sie gibt,
er gab
der **Ge|burts|tag**,
die Ge|burts|ta|ge
die **Ge|fahr**,
die Ge|fah|ren
ge|fähr|lich,

ge|fähr|li|cher,
am ge|fähr|lichs|ten
ge|fal|len,
es ge|fällt,
sie ge|fiel
die **Ge|rech|tig|keit**
das **Ge|schäft**,
die Ge|schäf|te
das **Ge|schenk**,
die Ge|schen|ke
die **Ge|sund|heit**
ge|win|nen,
er ge|winnt,
sie ge|wann
das **Ge|wit|ter**,
die Ge|wit|ter
gie|ßen, es gießt,
er goss
das **Glas**, die Glä|ser
die **Glo|cke**,
die Glo|cken
grob, grö|ber,
am gröbs|ten
groß, grö|ßer,
am größ|ten
grü|ßen, er grüßt,
sie grüß|te
gu|cken, sie guckt,
er guck|te
gut, bes|ser,
am bes|ten

H h

ha|ben, er hat,
sie hat|te
hä|keln, er hä|kelt,
sie hä|kel|te
halb
hal|ten, sie hält,
er hielt
der **Ham|mer**,
die Häm|mer
die **Hand**, die Hän|de
das **Han|dy**,
die Han|dys
hart, här|ter,
am här|tes|ten
der **Ha|se**, die Ha|sen
der **Hau|fen**,
die Hau|fen,
häu|fig
das **Haus**,
die Häu|ser,
häus|lich
die **He|cke**,
die He|cken
heiß, hei|ßer,
am hei|ßes|ten
hei|ßen, sie heißt,
er hieß
die **Hei|zung**,
die Hei|zun|gen
der **Held**, die Hel|den
die **Hel|din**,
die Hel|din|nen
hell, hel|ler,
am hells|ten,
die Hel|lig|keit
das **Herz**, die Her|zen
die **He|xe**, die He|xen
die **Hit|ze**
das **Hob|by**,
die Hob|bys
hof|fen, sie hofft,
er hoff|te,
die Hoff|nung
die **Höf|lich|keit**
die **Höh|le**,
die Höh|len, hohl
die **Ho|se**, die Ho|sen
das **Huhn**, die Hüh|ner
die **Hummel**,
die Hum|meln
der **Hun|ger**
die **Hu|pe**, die Hu|pen
die **Hy|äne**,
die Hy|änen

I i

die **Idee**, die Ide|en
der **Igel**, die Igel
die **In|sel**, die In|seln
in|ter|es|sant,
in|ter|es|san|ter,

am in|ter|es|san|tes|ten, das In|ter|es|se
das **In|ter|views**, die In|ter|views

J j 

die **Ja|cke**, die Ja|cken
ja|gen , sie jagt, er jag|te
das **Jahr**, die Jah|re
jung, jün|ger, am jüngs|ten

K k 

der **Kä|fig**, die Kä|fi|ge
kalt, käl|ter, am käl|tes|ten, die Käl|te
käm|men, sie kämmt, er kämm|te
die **Kas|se**, die Kas|sen
die **Kat|ze**, die Kat|zen
ken|nen, er kennt, sie kann|te
das **Ki|lo**, die Ki|los
kip|pen, es kippt, sie kipp|te
die **Kir|che**, die Kir|chen
das **Kis|sen**, die Kis|sen
die **Kis|te**, die Kis|ten
die **Klas|se**, die Klas|sen
das **Kla|vier**, die Kla|vie|re
klet|tern, es klet|tert, sie klet|ter|te
die **Klin|gel**, die Klin|geln
die **Klip|pe**, die Klip|pen
klug, klü|ger, am klügs|ten
kom|men, es kommt, sie kam
der **Kom|pass**, die Kom|pas|se
der **Kö|nig**, die Kö|ni|ge
die **Kö|ni|gin**, die Kö|ni|gin|nen
kön|nen, sie kann, er konn|te
der **Kopf**, die Köp|fe
die **Kraft**, die Kräf|te, kräf|tig
krank, krän|ker, am kränks|ten, die Krank|heit
krat|zen, sie kratzt, er kratz|te
das **Kreuz**, die Kreu|ze, an|kreu|zen
krie|chen, es kriecht, er kroch
der **Krieg**, die Krie|ge
die **Kuh**, die Kü|he
küh|len, er kühlt, sie kühl|te
das **Kü|ken**, die Kü|ken
küs|sen, er küsst, sie küss|te

L l 

das **La|ma**, die La|mas
lang, län|ger, am längs|ten
las|sen, er lässt, sie ließ
lau|fen, sie läuft, er lief
laut, lau|ter, am lau|tes|ten
der **Leh|rer**, die Leh|rer
die **Leh|re|rin**, die Leh|re|rin|nen
les|en, er liest,

A B C D E F G H I J K L M N O P Qu R S T U V W X Y Z

sie las
leuch|ten,
es leuch|tet,
sie leuch|te|te
das **Le|xi|kon**,
die Le|xi|ka
lieb, lie|ber,
am liebs|ten
lie|ben, er liebt,
sie lieb|te
das **Lied**, die Lie|der
lie|gen, es liegt,
sie lag

M m

der **Mann**, die Män|ner
das **Maß**, die Ma|ße
die **Maus**, die Mäu|se
das **Meer**, die Mee|re
mer|ken, er merkt,
sie merk|te
mes|sen, er misst,
sie maß
das **Mes|ser**,
die Mes|ser
das **Mik|ros|kop**,
die Mik|ros|ko|pe
mi|xen, er mixt,
sie mix|te
mö|gen, sie mag,
er moch|te
das **Moor**, die Moo|re
die **Mü|dig|keit**
die **Müh|le**,
die Müh|len
müs|sen, es muss,
es muss|te
mu|tig, mu|tiger,
am mu|tigs|ten
die **Müt|ze**,
die Müt|zen

N n

der **Nach|mittag**,
die Nach|mit|ta|ge
nass, nas|ser,
am nas|ses|ten
neh|men,
er nimmt, sie nahm
ni|cken, sie nickt,
er nick|te
die **No|te**, die No|ten
die **Num|mer**,
die Num|mern
die **Nuss**, die Nüs|se

O o

of|fen
das **Ohr**, die Oh|ren
die **Ord|nung**,
die Ord|nun|gen

P p

pa|cken, er packt,
sie pack|te
die **Pap|pe**,
die Pap|pen
pas|sen, es passt,
er pass|te
der **Pfad**, die Pfa|de
das **Pferd**, die Pfer|de
die **Pfüt|ze**,
die Pfüt|zen
pie|pen, es piept,
es piep|te
der **Pilz**, die Pil|ze
der **Pin|sel**,
die Pin|sel
der **Platz**, die Plät|ze
die **Pünkt|lich|keit**

Qu qu

die **Qual**, die Qua|len,
quä|len
quer
das **Quiz**, die Quiz

R r

das **Rad**, die Rä|der
der **Rah|men**,
die Rah|men
der **Raum**, die Räu|me,

A B C D E F G H I J K L M N O P Qu **R S** T U V W X Y Z

auf|räu|men
der **Re|gen**
ren|nen, sie rennt,
er rann|te
rie|chen, es riecht,
er roch
der **Rie|se**, die Rie|sen
der **Rock**, die Rö|cke
rol|len, es rollt,
er roll|te
der **Rü|cken**,
die Rü|cken
rüh|ren, er rührt,
sie rühr|te

S s

der **Saft**, die Säf|te
sa|gen, er sagt,
sie sag|te
sam|meln,
er sam|melt,
sie sam|mel|te,
die Samm|lung
sau|fen, es säuft,
er soff
scharf, schär|fer,
am schärfs|ten
der **Schatz**,
die Schät|ze
die **Schau|kel**,
die Schau|keln
schen|ken,
er schenkt,
sie schenk|te
schie|ben,
er schiebt,
sie schob
schimp|fen,
er schimpft,
sie schimpf|te
schla|fen
es schläft,
sie schlief
schlecht,
schlech|ter,
am schlech|tes|ten
schlie|ßen,
er schließt,
sie schloss
das **Schloss**,
die Schlös|ser
der **Schlüs|sel**,
die Schlüs|sel
der **Schnee**
die **Schnel|lig|keit**
schnit|zen,
sie schnitzt,
er schnitz|te
der **Schrank**,
die Schrän|ke
schrei|ben,
er schreibt,
sie schrieb
der **Schuh**,
die Schu|he
schüt|zen,
es schützt,
sie schütz|te
schwie|rig,
schwie|ri|ger,
am schwie|rigs|ten,
die Schwie|rig|keit
schwim|men,
er schwimmt,
sie schwamm
schwit|zen
sie schwitzt,
er schwitz|te
se|hen, er sieht,
sie sah
sein, er ist,
wir sind, ihr seid,
sie war, wir wa|ren,
ihr wart
die **Si|cher|heit**
das **Sieb**, die Sie|be
sin|gen, sie singt,
er sang
sit|zen, er sitzt,
sie saß
das **So|fa**, die So|fas
der **Sohn**, die Söh|ne
der **Spaß**, die Spä|ße
der **Spatz**,
die Spat|zen

der **Spie|gel**, die Spie|gel, spie|geln
die **Spit|ze**, die Spit|zen
sprin|gen, er springt, sie sprang
die **Sprit|ze**, die Sprit|zen
sprit|zen, es spritzt, er spritz|te
der **Stamm**, die Stäm|me
stark, stär|ker, am stärks|ten, die Stär|ke
ste|cken, es steckt, es steck|te
stel|len, er stellt, sie stell|te
steu|ern, sie steu|ert, er steu|er|te
der **Stie|fel**, die Stie|fel
der **Stiel**, die Stie|le
der **Stift**, die Stif|te
der **Stoff**, die Stof|fe
die **Stö|rung**, die Stö|run|gen
der **Strand**, die Strän|de
die **Stra|ße**, die Stra|ßen
der **Strauß**, die Sträu|ße
das **Stück**, die Stü|cke
der **Stuhl**, die Stüh|le
der **Sturm**, die Stür|me
süß, sü|ßer, am sü|ßes|ten, die Sü|ßig|kei|ten

T t

der **Tag**, die Ta|ge
die **Tan|ne**, die Tan|nen
die **Tas|se**, die Tas|sen
taub
das **Ta|xi**, die Ta|xis
der **Ted|dy**, die Ted|dys
der **Tel|ler**, die Tel|ler
der **Text**, die Tex|te
das **The|ma**, die The|men
tief, tie|fer, am tiefs|ten, die Tie|fe
das **Tier**, die Tie|re
der **Ti|ger**, die Ti|ger
tip|pen, er tippt, sie tipp|te
to|ben, sie tobt, er tob|te
der **Topf**, die Töp|fe
tra|gen, sie trägt, er trug
der **Traum**, die Träu|me, träu|men
die **Trau|rig|keit**
tref|fen, er trifft, sie traf
trin|ken, sie trinkt, er trank
trot|ten, er trot|tet, es trot|te|te
trüb, trü|ber, am trübs|ten

U u

die **Uhr**, die Uh|ren

V v

der **Vam|pir**, die Vam|pi|re
die **Va|se**, die Va|sen
der **Va|ter**, die Vä|ter

ver|bren|nen,
es ver|brennt,
sie ver|brann|te
ver|ges|sen,
er ver|gisst,
sie ver|gaß
der **Ver|käu|fer**,
die Ver|käu|fer
die **Ver|käu|fe|rin**,
die
Ver|käu|fe|rin|nen
die **Ver|let|zung**,
die Ver|let|zun|gen
ver|lie|ren,
er ver|liert,
sie ver|lor
ver|mis|sen,
er ver|misst,
sie ver|miss|te
die **Ver|pa|ckung**,
die Ver|pa|ckun|gen
ver|spä|tet
ver|ste|cken,
sie ver|steckt,
er ver|steck|te
viel|leicht
das **Vi|rus**, die Vi|ren
vor|sich|tig,
vor|sich|ti|ger,
am vor|sich|tigs|ten
der **Vul|kan**,
die Vul|ka|ne

W w 

wach|sen,
es wächst,
er wuchs
die **Wahl**, die Wah|len,
wäh|len
wäh|rend
die **Wahr|heit**,
die Wahr|hei|ten,
wahr
der **Wald**, die Wäl|der
warm, wär|mer,
am wärms|ten
wa|schen,
er wäscht,
sie wusch,
die Wä|sche
wech|seln,
es wech|selt,
sie wech|selt,
der Wech|sel
der **Weg**, die We|ge
die **Wel|le**, die Wel|len
die **Wie|ge**, die Wie|gen
die **Wie|se**,
die Wie|sen
wild, wil|der,
am wil|des|ten
wip|pen, er wippt,
sie wipp|te
wis|sen, er weiß,
sie wuss|te
der **Witz**, die Wit|ze
woh|nen, er wohnt,
sie wohn|te,
die Woh|nung
wü|tend,
wü|ten|der,
am wü|tends|ten

X x 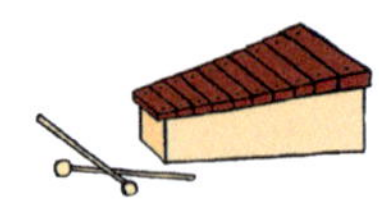

Y y 

Z z 

die **Zahl**, die Zah|len,
zah|len, zäh|len
der **Zahn**, die Zäh|ne
zeich|nen,
sie zeich|net,
er zeich|ne|te
die **Zei|tung**,
die Zei|tun|gen
das **Ziel**, die Zie|le
der **Zug**, die Zü|ge
die **Zu|kunft**
die **Zwie|bel**,
die Zwie|beln
der **Zy|lin|der**,
die Zy|lin|der